O pássaro e a faca

O pássaro e a faca

Daniele Kipper

[1ª reimpressão]
Fevereiro de 2025

Copyright © Daniele Kipper, 2024

Editores
María Elena Morán
Flávio Ilha
Jeferson Tenório
João Nunes Junior

Preparação de texto: Jeanne Callegari

Capa: Matheus Mendes
Projeto e editoração eletrônica: Studio I

Dados Internacionais de Catalogação na Publicação (CIP) de acordo com ISBD

D47O Kipper, Daniele
O pássaro e a faca / Daniele Kipper. - 1ª edição. Porto Alegre :
Diadorim Editora, 2024.
68 p. ; 12cm x 18cm.
ISBN: 978-65-85136-14-3
1. Literatura brasileira. 2. Poesia. I. Título.

2024-526
CDD 869.1
CDU 821.134.3(81)-1

Elaborado por Odilio Hilário Moreira Junior - CRB-8/9949
Índice para catálogo sistemático:
1. Literatura brasileira : Poesia 869.1
2. Literatura brasileira : Poesia 821.134.3(81)-1

Todos os direitos desta edição reservados à

DIADORIM
EDITORA

Diadorim Editora
Rua Antônio Sereno Moretto, 55/1201 B
90870-012 - Porto Alegre - RS

I

Olhamos para o mundo uma única vez, na infância.
O resto é memória.

Louise Glück

Puxe a sua cadeira para perto da borda de
um precipício e eu lhe contarei uma história.

F. Scott Fitzgerald

Uma tragédia acontece
envolvendo uma criança
de nove anos
e os repórteres
com seus gravadores
vão atrás
de uma criança
de nove anos
sendo que
quando se tem nove anos
uma faca
só se usa
para passar a manteiga
no pão
e o pai da criança serve
para levá-la na pracinha
e a pracinha serve
para brincar
quando se tem nove anos não se chega
um homem grande como um bicho
com uma faca enorme e não de pão
para usar contra
o pai da criança
que brinca com ela
na pracinha
quando se tem nove anos
e o pai da criança está deitado
no chão
e o homem em cima dele
feito um bicho

para onde a criança vai
enquanto o pai dela
se despedaça
e ela percebe
que ele virou carne
e procura
o som de algum pássaro
que cante mais alto
que seus berros

durante as noites insones
eu escondia as facas da cozinha
elas eram tão cruéis
quando vistas à luz do dia

parei de orar e passei a inventar
a vida que eu queria
no final dizia amém
só por via
das dúvidas

eu queria o estojo de canetas
da Stabilo
a Renata com sua vida perfeita
exibia sem me emprestar
e eu não entendia como minha mãe podia me negar um
se meu pai tinha morrido

na escola me olhavam e cochichavam
entre si
sobre coisas horríveis que saíram
no rádio e no jornal
e seus papais comentavam em voz alta

eu já havia
visto demais
para tentar me defender
ou até mesmo
para baixar a cabeça
e chorar

minha única amiga
mandou um torpedo
para meu minúsculo
celular
você continua a mesma
mas com um pedaço a menos
no coração
ela me disse
e só dessa vez
me deixei
lacrimejar

em casa não se falava mais nisso
e ai de quem ousasse
tocar no assunto
falar de morto
é matar o defunto

se alguém se cortasse
com uma folha de papel
eu ria
depois pensava
em desmaiar
depois buscava o band-aid
como quem tinha aprendido
a resolver cortes profundos

a casa em chamas
porque os jornalistas estavam
ligando de novo
– não atenda
minha mãe dizia
e eu ouvia
mas queria tanto
falar:

– alô, sempre quis
ser famosa
vamos, escrevam bem
esta linda história! mais uma vez!
em vez disso
deixava tocar

um dia
eu ri na aula
e minha professora
falou, singela
– você está voltando
a ser você
como é bom
te ter de volta

então
fiz cara séria
onde já se viu
rir no mês
em que seu pai morreu

dar tchau

como uma criança
que entende
que a mãe não pode
comprar
aquele urso –

então carrega ele firme
entre os braços
por todo o zaffari
até a hora
de abandoná-lo no caixa

voltando
ao dia do enterro, pois
lembrei
fui de vestido roxo
o vestido que ele mais gostava
de me ver indo à igreja
os irmãos
cantaram hinos
e eu pedi
o 441
e cantei,
eu sou um cordeirinho, jesus é meu pastor
sou um feliz menino nos braços do senhor
depois parei
olhei para o caixão
fui embora
da salinha
que todos queimem
no inferno, pensei
e depois pedi Desculpas
ao Senhor

queria ter sido a mão que cura a carne crua
fui apenas dois olhões paralisados
quase cúmplices

fúria
em olho doce
palavra
que afia
mas não corta

os berros infinitos
daquele dia
me ensinaram
a falar mais baixo

gritar pelos olhos imensos
que mais imensa ainda
é a noite, a
fome, a saudade de
casa
minha mãe nos rangeres da
madrugada
me preparando um pão
com geleia
para calar meus dentes
pequenos
até que tudo durma

II

– Cadê seu coração?
– Na gaveta junto com as facas.

Jorge Ialanji Filholini

não lembro do mês e nem do dia
sei que ventava forte e que eu estava sentada
na sacada com as pernas para fora
e os braços para cima
torcendo para que o vento me levasse
além de tudo eu estava
de vestido longo e branco, juro por Deus
e peço perdão se soa caricato, mas foi
assim mesmo, verdade,
pernas para fora, braços para cima, vestido longo e
branco
e eu ria ria ria e depois chorava chorava chorava
– vou me jogar, falei baixinho
ninguém da casa escutou,
– vou me jogar e nunca mais incomodo ninguém,
falei berrando, alguém deve
ter escutado.

algumas das internas
faziam uma fila atrás de mim – eu havia
recortado um papel branco que peguei em nossa
mesa de artes e enrolado como um cigarro falso,
pintei de amarelo a base, e agora ele estava
entre meus dedos posicionado
entre meus lábios. a nicotina era
proibida na internação em que eu estava, e seis
mulheres esperavam que eu passasse o papel
para elas brincarem de faz de conta também.
repartir esse momento
era bom.
como também eram bons os dias
de visita em que outra das pacientes
trançava nossos cabelos
pela manhã, e todas nos ajudávamos
e nos emprestávamos maquiagens e acessórios
numa ânsia imensa
de encontrar
aqueles que amávamos.
de vez em quando
algum deles
não aparecia
e elas comiam o bolo
sozinhas
num canto do pátio.

quem foi que me passou
este gene de merda este horror
foi você pai, foi você mãe?
sabemos que foi a língua do pai
com a saliva da mãe
que me fizeram assim,
estes cabelos de
cobre, a cara passando
raiva, pegando
fogo,
uma reza ao além, um
alprazolam, três pedidos de
desculpa, um fusca amassado em
um poste
quem foi que me gerou
foi você mãe, com as coisinhas do
pai, que inferno é esse, parece

um show

como se você não visse um trem e não quisesse
que ele passasse por cima de você só para provar
a si mesma que pode sair andando a pé e a vapor
mesmo depois de tudo
como se você não soubesse que o abraço é mais íntimo
que o sexo
como se você não tivesse dormido no vagão
torcendo para acordar em Viena
e como se você não torcesse
para que sua língua falasse mais seis línguas
todas jamais impostas
ao mundo dos homens

saí do hospital
onde eu mesma
me abraçava

para fumar um cigarro
foi aí que vi
um pássaro filhote

se debatia no chão
tentava
sozinho
aprender a voar

ao meu analista

te via de longe carregando
minha infância no bolso
eu me aproximaria de ti
tentaria resgatá-la
pularia fora primeiro meu avô
depois meu tio com suas histórias
sobre a cidade que se afundou no mar
e o desenho que mais gostávamos
de assistir juntos – padrinhos
mágicos
depois pularia minha mãe
com suas palavras cruzadas antes de
desligar o abajur
e então finalmente eu pularia
aos seis anos
e daria a mão para mim mesma
aos dezenove
e nos encararíamos
e tentaríamos procurar
semelhanças
e nos estranharíamos
tanto
que eu desejaria
voltar para teu bolso

falando em Freud,
sabia que quando
uma criança te mostra
as próprias fezes
ela na verdade
está te dando um presente?
você precisa aplaudir
a primeira criação dela
senão ela cresce
com vergonha
de mostrar seus
poeminhas

era todo dia,
mesmo
mais casa do que
minha casa
era aquele café
cinco quadras em
linha reta
chegava lá e
um cold brew
às vezes com licor 43
porque eu finalmente tinha
um dinheiro para chamar de meu
independente,
quase mulher,
me sentia assim
um livro qualquer
geralmente Freud
que o gerente não me
deixava ler
para ficar me contando de suas
tatuagens
e de como era a vida em
pato branco
me mostrando fotos
de seu novo apartamento
alugado
e de tudo que ele conquistou
aos vinte já sendo
tão responsável gerente
eu contava

da vida em casa
de ter agora
o meu dinheiro
e de ser assim,
meio doída
meses no mesmo café
o gerente sem coragem para
me chamar para um café
mas para atrapalhar o meu café
ele tinha e eu
gostava, até.
mudei de casa
mudei de café
mas apareço lá às vezes
ele agora casado
me sorri meio torto
não me conta mais de seus
treinos
mas diz que emagreci
que tenho que voltar mais lá,
para comer e engordar
digo que ando estudando
muito
nem sei se é verdade
digo também que as coisas estão
melhores
que bom te ver melhor,
ele me diz
e eu sorrio porque agora
posso ler

em paz
mas não vendem mais
cold brew
com licor 43.
mudei de café
mas não esqueço
dos meses em que eu
pós cinco quadras em
linha reta
chegava lá,
independente
quase mulher
e dos garçons
com seus números
escritos em
guardanapos
e do gerente
de pato branco
agora casado.

hoje na fila do mercadinho
antes de ir para a aula
a moça do caixa me perguntou
– para que tantas carteiras
de cigarro? morrer um pouco
mais? respondi que sim, e que
além disso, para gastar o dinheiro
do trabalho de um jeito que me faça
aguentar o trabalho, e ela perguntou
qual era meu trabalho e pensei, *postar*
nudes artísticos num site adulto e respondi – você
não quer
saber. *alguns não ficam tão*
artísticos assim.

tire toda
a roupa da morte
ela nua
assim crua
não assusta –
o que assusta são
aqueles brincos de argola
e aquelas botas de couro
o cropped rosa-choque
decotado e a minissaia
o jeito como ela
desfila rebolando
e rindo ao escolher
quem será o próximo
isso sim assusta

mas tire toda
a roupa da morte
ela nua
assim crua
deitada na cama –
parece até

que está viva

o idioma do meu dorso
deve estar ao contrário
pergunte a quem criou o mundo
por que foi que me fez do avesso
eu, engenharia de Deus,
com asas de borboleta nas pálpebras
e o coração no lugar do olho –
caminho com os braços em vez das pernas
e sou a primeira a chegar num
não-sei-onde
me achando uma
não-sei-quem.
mas chego, ultrapassando o fim.
algum poeta falou que está sempre a começar.
gostaria de dizer que: pois eu não. estou é sempre
a terminar.

eu deveria andar a passos largos
sim, passos largos
não neste pequeno galope semi-demoníaco
pé atrás de pé apressados, um quase
furacão
eu deveria me rastejar
a cara no chão, as duas mãos e os dois pés feito sapo
numa dança humilhante como quando
te liguei em algumas noites
torcendo para que tua mulher
me atendesse.
alô, eu diria, e então passaria a chorar, por favor, passe
de vez
seu marido para o meu nome, quem sabe me dê este
anel
em tua mão.
eu deveria pedir que me tirassem as pernas
para que eu não fosse tantas vezes em tua direção
chegasse até ti, uma goma de mascar na boca,
minha cara com aquela cor de burro-quando-foge,
meu cabelo de eletrochoque,
dois olhos imensos,
o coração, coitado, maior ainda,
a boca louca para disparar tiros de canhão,
dissipar teu rosto em pedacinhos, mas não, só uma
bolha
de chiclete.
eu deveria andar de quatro
feito puma, leopardo
rugir bem alto, usar as garras, engolir um bichinho
sem significância, sabes bem que o bichinho
seria tu.

aquela mosca
que zumbe no ouvido
pequena demais
para conseguir matar
grande demais
para ignorar
eis teu
significado
em mim

se sou amante
é porque mereço
se vou embora
é porque me traio

o alvo em mil pedaços
torna mais difícil
que a flecha o acerte

eu e você

quem sabe num outro céu
e numa outra luta
a gente faça nessa terra
um rasgo mais brando

cartório

meu nome não cabe na tua boca
meu nome quer moer teu cérebro
quer tirar tua roupa
tenho que te ensinar meu nome
ainda hoje, eu, que nasci ontem
meu nome não reza prece
não agrada padre
não verte santo
meu nome produz saliva
júbilo selvagem
e se alça voo, atrai zangão
meu nome, quando abrires os olhos,
sílaba por sílaba, sobrenome,
vai fabricar tua pele
criar um laço
montar um verso
alucinação dos dias,
meu nome vai te mostrar
com que dente que se morde uma ferida
com que faca que se finca o coração
que com afinco jorra o sangue
do leão
agora esqueças de tudo –
mas de meu nome não

aos quarenta quero lembrar
da casa de meus vinte anos
ingenuidades empilhadas em livros
que eu discutia em bar –
aquele que ficava em frente
à faculdade, e entre uma aula
e outra, ou quem sabe dez e meia
da noite quando era o fim da última
cadeira, e eu me sentava nas cadeiras daquele
bar insalubre e além dos livros falava também de mim
num sem-certeza da vida que vivia
e eu tinha umas três paixões distribuídas por aquele
bar e eu lambia essas línguas tentando superar na verdade
                                        [minha paixão maior
e então Carol diria que conseguiu o estágio no São Pedro
e eu diria parabéns e todos da mesa berraríamos numa
                                        [única melodia
e chamaríamos outro litrão
e quando o bar fechasse iríamos comemorar mais um
                                        [pouco no apartamento
onde eu recém havia me mudado
para morar sozinha pela primeira vez, como uma
                                        [grande-adulta
e eu pediria que não
sujassem meu tapete nem falassem muito alto
por causa da velha do andar de baixo
e no dia seguinte antes da aula eu estaria naquelas
                                        [mesas de novo
e com outra turma de amigos e eu recitaria três
                                        [poemas novos meus

e pediria opiniões e depois eu falaria sobre a aula de
[romance do curso
de escrita e sobre nunca me tornar romancista,
não, nada além de poeta, nunca, poeta que lambe línguas,
isso sempre, romancista quem sabe aos quarenta, eu diria,
e depois outro cigarro e outra língua,

pode até ter a tristeza
me ensinado quem eu sou
me emprestado toda roupa
que uso na alegria
os sapatos, umas quatro ou cinco
frases
de algum filósofo idiota
que é mais gênio do que gente
nove poetas loucas
o refúgio barato do bar
que fica em frente à faculdade
as oito playlists e aquele filme
sim, a tristeza me emprestou
calço as botas, saio correndo
o riso na cara, a música na cabeça
junto com o álcool e um livro na mão
e se eu tropeçar no chão de novo
de regata colorida respiro fundo, lembro
dum verso demente
que a tristeza me ensinou:
mulher-poeta e incendiada
que outra morte lhe caberia?
jogo o livro no chão, tiro toda roupa
que a tristeza me emprestou
e corro por toda vida
no meio da areia e do fogo
que outra morte me caberia?

quando como todo o pote de mirtilo
e sobra a laranja –
que nunca foi uma fruta fácil
com seu descascar na faca e
seu debochar preso entre
um dente e outro

quando acaba o dorflex
e tenho de tomar tylenol
que vamos combinar, parece
placebo

quando acaba o the office
e tenho de assistir modern family
ou quando resolvo ver fleabag
e ela não consegue para ela
o padre que ela ama
e tenho de entender,

com dor de cabeça e
passando fio dental,

bem ali, onde o pedaço de laranja ri,

que a vida é mesmo isso
um pedaço disso.

III

Deixe tudo acontecer com você: a beleza e o espanto.

Rainer Maria Rilke

1.
perder argumentos
achá-los nos bolsos no
dia seguinte
passar um café
lembrar que sou filha de
minha mãe
inventar um mantra
andar descalça
subir as escadas
mostrar os dentes
ensinar a não mastigar
a ferida

2.

guardar a fé na gaveta
junto às meias e aos sutiãs
colocar com cuidado
as guias no pescoço
por baixo ou por cima da blusa
sair de casa e andar pelas ruas
sem freio
tirar do bolso o cartão
que contém o endereço
da casa espírita
hoje é o dia da reunião
das causas de difícil aceitação
todos num círculo a compartilhar
como a morte é bruta, o céu é árduo
e o que vem depois é um lugar de reis
se você for forte por aqui
chego em casa e oro ajoelhada
para que Deus esqueça um pouco de mim

sou filha do meu pai
e acredito em tudo
mas à noite quero descansar

aos meus dezesseis a Banda Mais Bonita da Cidade
tocava alto e no repeat.
esperava Pedro sempre com camisetas largas
torcendo para que os passos dele chegassem
no momento em que a música diz
olha o tempo passando e a gente fazendo cena pro
público rir
ou na parte quando ela canta que
fuma um cigarro, bate um carro e espera
que você veja
eu então esperava para poder
em cima da mesa de madeira de
demolição
fazer uma performance, um show
a camiseta larga e a calcinha
combinando com as pernas que pulavam
de saracura, eu dizia para ele
e ele ria, acho que sim
não quero ser o último a chorar
da minha vida foi embora
ao som de outra banda que não essa
tão mais feia, menos
calma
hoje com camisetas largas
não espero ninguém.
a pena que é não termos mais
dezesseis.

1.
num sábado
ou talvez domingo,
minha mãe nos colocou os três –
eu, meu irmão e minha irmã
no sofá junto com ela para assistirmos
a um filme todos juntos:
Cria Cuervos.
ao invés de cinco ao todo éramos quatro
em um daqueles invernos de Porto Alegre
todos agasalhados
usando meia em cima de meia
casaco em cima de blusão
calça em cima de calça
um em cima
do outro
o cheiro de terra molhada e de folha caída
entrava pela janela junto com
o ar de luto e aconchego
ela disse que tinha visto esse filme quando nova e que
tinha uma música
linda
que tinha também uma dança bonita entre duas irmãs
lembro que vi o filme com os olhos esbugalhados –
a menina acreditava ter matado o próprio pai
a avó dela já não falava mais
quando acabou, minha mãe nos disse:
– entenderam? o filme quer dizer
que a vida continua.

2.
meu irmão talvez só tenha dito que o filme era mesmo
bonito
subido as escadas e voltado para
o quarto
mas eu, minha irmã e minha mãe
cantamos a música e
dançamos a dança das personagens
por uma semana inteira.
ou mais.
Todas Las Promesas De Mi Amor Se Irán Contigo,
minha mão na mão delas, *Me olvidarás, me olvidarás*
Junto a la estación hoy Iloraré igual que un niño, rodopios,
a gente ria e combinava de fazer
brigadeiro de panela, os narizes congelados,
Porque te vas, porque te vas.

minha mãe diz que
quando criança
eu passava horas na cama
me remexendo
antes de conseguir
pegar no sono
então ela olhava
para o lado
e eu capotava
dum segundo
para o outro
e que hoje ainda
eu continuo
com esse hábito
– você só pode mesmo
ser minha filha,
soube logo
quem você era
quando você era
recém-nascida
e não queria mais
o mamá
mordia forte – sempre forte
o bico do meu peito
para me avisar

– ainda hoje morde
o cerne das coisas
com estes olhos
sempre abertos

a buscar
uma nova arcada
dentária
para dar ao mundo
quando é preciso
que ele pare
de dar a você
o que não quer

assim que lançada útero afora
devo ter acertado minha mãe
com estes olhos de flecha
que tanto consomem
as flores, as secas
e suas duas mãos
tão brancas, venosas e
macias, sim,
essas que tanto
me segurariam, devo
ter acertado.
assim que meu timbre
de neném deu seu primeiro
choro agudo, aguado
devo ter condenado minha mãe
à penumbra, aos arvoredos
e aos tantos outros murmúrios
afiados
que ainda viriam
seus ouvidos, por Deus, assim cansados,
sim, devo tê-los preparado
para os sons de águias, ensinando à ela
quase o dom
de amar tão cedo as fúrias
da natureza

mentalizar:

o mundo não é
uma arma
apontada
para mim

o tiro não saiu
pela culatra

já é tempo
de rir
do gatilho

levantar da mesa,
dançar na mira

a pólvora
não me diz
mais nada

desço as escadas da minha vida
num vai e vem de jamais morta
júbilo
te acanho com a boca
saliva
podes me provar
enquanto viva.
fecho teus olhos
para entenderes
que meu mundo de dentro
só pode
estar de língua
de fora

uma poeta cavalgando
o cavalo que atirou o vento
e fez sua cara virar em galhos –
nada manso contra o tempo
com o estômago a cosquear
e os galhos virando risos
e os risos virando saltos
e os saltos virando versos
num sobressalto a se lembrar
tudo que já foi – e que virá.

andei a cavalo pela primeira vez
num passeio à serra com meu pai
ele achou um campo que era cuidado
por um casal de velhos
em algum lugar meio não-visitado,
eu devia ter sete ou oito anos
e tinha dois cavalos e ele pediu que me deixassem
montar em um. o cavalo saiu em disparada e tinha uma
linha de arame localizada bem onde meu pescoço
passaria. joguei a cabeça e o corpo para trás na hora e
não fui
pega pelo arame, e meu pai disse que isso
foi Deus. que se não fosse Deus eu teria morrido bem ali,
degolada. eu sempre soube
que foi só instinto meu, mas ele gostava tanto
de falar sobre os milagres de Deus
que eu deixava.
talvez tenha sido
milagre mesmo
e ele nem imagina
a quantidade de vezes
que fiquei viva por milagres

desde então.

tu que sabes
entender a entranha,
ave rubra,
onde guardas meus versos?
por debaixo destas asas exiladas
ou na ponta do bico
logo antes de
acordar os dias
com palavras que
outrora foram minhas?
agora que suas, e que cantas,
meu canto enfim
ressoa pelo mundo:
somos um só,
somos um só,
e estamos

tão vivos quanto nunca

Agradecimentos

Agradeço à minha família, que caminhou comigo desde que fui ensinada a andar.

À Vitória, por ser quem é em minha vida e por ter vivido esse processo comigo do início ao fim. Junto dela vou além.

À Roberta, por nós duas, e por nunca ter soltado minha mão.

À Maria e à Clara, pelas companhias em meio a músicas e pelas trocas de poesias.

Ao João, por desde o início acreditar em minhas palavras e por toda a paciência de viver comigo esse processo.

A mim, por estar aqui ainda.

À Jeanne, por me ler com olhos tão atentos e lapidar os poemas junto comigo.

À Ana Elisa, por escrever a orelha de forma tão bonita.

Aos que fizeram esse livro se materializar.

Às pessoas que passaram pela minha vida e não ficaram, porque amo tudo e sempre e até o fim.

A todos que ficaram.

ESTE LIVRO FOI
IMPRESSO EM
MARÇO DE 2024
PARA A EDITORA
DIADORIM
FONTES:
CALIFORNIAN FB
CAUDEX